Why Journal my Meditation Practice?

For our meditation practice to deepen, and become truly evolutionary, we must embrace consistency, kindness and a good dose of self-inquiry. We must be willing to reflect upon and become intimate with our experience of being. It is through introspection and deep listening that we come to know ourselves intimately.

You can only improve that which you can measure, and through journaling we accelerate opportunities for growth as we bear witness to subtle shifts taking place within our inner world that may otherwise go unnoticed. By recording various aspects of our practice, we discover our true nature from a safe space - without judgement.

Taking a leaf from the old adage 'repetition is the mother of all skill', practice is the key to true and lasting change. The more you journal, the more organic will journaling your meditation practice become, enhancing your capacity for limitless evolution.

To get the most value out of journaling, consistency is key. I strongly suggest integrating it into those moments immediately following your meditation practice, while you are still in the 'zone'. This will help you create a 2-fold habit of reflection and writing, whilst your experience remains fresh and vivid in your mindbody. There's no need to over-think or become too cerebral about your reflections. The idea is to record any observations without judgement, even when it seems there is little to note. Over time, this information will help you uncover any patterns in your practice that may be holding you back or keeping you stuck. Your meditation journal will become your personal road map guiding you on the journey of deep self-awareness, presenting to you opportunities for exploration and true transformation. Journaling will help you identify key turning points in your practice, inspiring shifts to drop in with greater ease.

To some of us a blank page can be overwhelming, so to help inspire your reflections, each entry contains some foundational practice elements:

Date, Time, Duration, Practice, Posture, Place.

Feel free to add to this if you wish to include a Mantra, Mudra, Affirmation or other significant aspect of your practice. Recording every element is not essential, however it is very helpful in creating a comprehensive roadmap of self-discovery and adds value to your journey in the following way:

By keeping an accurate log of the date, time and duration of your meditation, you are better able to connect the dots in identifying events in your life that may impact or influence your practice, the time of day that you are most receptive to dropping in, and how you might respond differently to a 20-minute meditation compared with say, a 45-minute meditation.

You will find the date elegantly located in the top right hand facing page, thoughtfully designed so that you can locate a particular entry with ease by simply fanning through the pages of your journal.

Noting the type of practice helps you to identify and differentiate your experiences between a Mindfulness meditation and a Mantra meditation, or a Guided Visualisation and a Chakra meditation for example. This can be very useful when exploring meditation and experimenting with different styles, as it enables you to see at a glance for any given entry the context in which it was written.

Recording your posture is very useful particularly when new to meditation and if working with an injury or physical condition. Experiment until you find what is most comfortable and works best for you. This may change from time to time depending on your practice and other circumstances. Some of the more popular ways to meditate include sitting in a chair with your feet flat on the ground, sitting cross legged on a zafu or gomden meditation cushion, kneeling on a meditation stool, sitting saddle on a yoga bolster, laying on your back, standing up and even walking. Notice how different positions influence your meditation; this may prove insightful.

Finally, it's useful to reference the place or environment in which you meditate as this has the power to inspire your practice, particularly if it changes regularly or when travelling.

Once you have recorded the foundational elements of your meditation practice, you are ready to begin journaling. Enter this space as you would your meditation — without expectation or judgement. Instead relax into the process and see what intuitively rises to the surface. You might use this space to artfully capture what may be limited by words. There are no bounds to your creativity, this is your personal archive.

IF YOU FEEL STUCK,

THEN CONSIDER THE FOLLOWING KEY AREAS
TO HELP YOU GET STARTED:

OBSERVATIONS

You might note any difference in how you felt before and after meditating. Perhaps your breath was short and shallow when you began and became noticeably smooth and full afterward.

Note any emotional states or bodily sensations that were present during your meditation. Consider the quality of your thoughts and whether you noticed any patterns in your thinking (eg. future or past dominant thinking, rumination, self-criticism etc.) Was your mind turbulent and constantly wandering off in thought, or was it calm and focused?

Just noting your observations is itself a practice in mindful awareness.

INSIGHTS

Insights generally reveal themselves when we become quiet and still. Often they arise as a result of inquiry, when we are contemplating an idea or seeking guidance for a situation in life. They may be revealed during your practice as giant "aha" moments of clarity, or may surface with more subtlety over time as slow burning epiphanies of realisation.

At other times insights may arise organically without being 'invited' through inquiry. For instance, while you reflect upon your practice you may discover that you have been manufacturing bodily sensations rather than allowing what is to just be without judgement (without trying to change, analyse, criticise or wish for it to be different). While you may or may not have been conscious of this during your meditation, upon journaling, you recognise that by trying to control your practice you have been sabotaging it instead. Herein lies the insight.

Insights arise from deep within and teach us that the answers we seek are already inside us. By becoming still and dropping in, you strengthen your connection to the innate wisdom inside you.

CHALLENGES

Any difficulties in your practice can be seen as opportunities for growth. You might note any setbacks or challenges you experience in order to develop and refine your practice, identifying those areas that you may need to adjust, experiment or work with going forward.

Distractions might include noise, interruptions, discomfort, or sleepiness. You may be nursing an injury or illness, or be challenged by boredom or mental agitation. These are all very real challenges that once further explored, may in retrospect be seen as some of our greatest gifts, teaching us acceptance, patience, self-compassion and to let go of striving and be at ease in the flow.

Most importantly, for anything to stick we need to enjoy the process. So create a ritual that works for you and bring a light heart to your practice.

Mind like

SKY

1 **TIME**

2 **DURATION**

3 **PRACTICE**

4 **POSTURE**

5 **PLACE**

6 ----------------

1 **TIME**

2 **DURATION**

3 **PRACTICE**

4 **POSTURE**

5 **PLACE**

6 _____

LET
GO—

Quiet.

Quiet.

1 TIME

2 DURATION

3 PRACTICE

4 POSTURE

5 PLACE

6 ----------------

1 **TIME**

2 **DURATION**

3 **PRACTICE**

4 **POSTURE**

5 **PLACE**

6 ....

1   TIME

2   DURATION

3   PRACTICE

4   POSTURE

5   PLACE

6   _____

still

1   TIME

2   DURATION

3   PRACTICE

4   POSTURE

5   PLACE

6   ------------------

DATE

1   TIME

2   DURATION

3   PRACTICE

4   POSTURE

5   PLACE

6   _____

1   **TIME**

2   **DURATION**

3   **PRACTICE**

4   **POSTURE**

5   **PLACE**

6   --------------

1 TIME

2 DURATION

3 PRACTICE

4 POSTURE

5 PLACE

6 _____

SAMSARA

1 **TIME**

2 **DURATION**

3 **PRACTICE**

4 **POSTURE**

5 **PLACE**

6 ----------------

ACCEP

1 **TIME**

2 **DURATION**

3 **PRACTICE**

4 **POSTURE**

5 **PLACE**

6 _____

IIPAUSE

1   TIME

2   DURATION

3   PRACTICE

4   POSTURE

5   PLACE

6   _____

1 **TIME**

2 **DURATION**

3 **PRACTICE**

4 **POSTURE**

5 **PLACE**

6 _____

1 **TIME**

2 **DURATION**

3 **PRACTICE**

4 **POSTURE**

5 **PLACE**

6 ------------------

DATE

whole 49.

1 **TIME**

2 **DURATION**

3 **PRACTICE**

4 **POSTURE**

5 **PLACE**

6 ------------------

1   **TIME**

2   **DURATION**

3   **PRACTICE**

4   **POSTURE**

5   **PLACE**

6

Perspective

1 **TIME**

2 **DURATION**

3 **PRACTICE**

4 **POSTURE**

5 **PLACE**

6 _____

1   **TIME**

2   **DURATION**

3   **PRACTICE**

4   **POSTURE**

5   **PLACE**

6   ----------------

COMPLETE

1   **TIME**

2   **DURATION**

3   **PRACTICE**

4   **POSTURE**

5   **PLACE**

6   ----------------

VIBRATION

1   **TIME**

2   **DURATION**

3   **PRACTICE**

4   **POSTURE**

5   **PLACE**

6   ----------------

INSIG

HT

1 **TIME**

2 **DURATION**

3 **PRACTICE**

4 **POSTURE**

5 **PLACE**

6 ----------------

DATE

1   TIME

2   DURATION

3   PRACTICE

4   POSTURE

5   PLACE

6   _____

> "
>
> We shall not cease from exploration
> And the end of all our exploring
> Will be to arrive where we started
> And know the place for the first time.
>
> "

T.S. ELIOT
Four Quartets

1 TIME

2 DURATION

3 PRACTICE

4 POSTURE

5 PLACE

6 _____

1 **TIME** _____

2 **DURATION** _____

3 **PRACTICE** _____

4 **POSTURE** _____

5 **PLACE** _____

6 _____

1 **TIME**

2 **DURATION**

3 **PRACTICE**

4 **POSTURE**

5 **PLACE**

6

SOUND

1 **TIME**

2 **DURATION**

3 **PRACTICE**

4 **POSTURE**

5 **PLACE**

6 ----------------

NON-JUD

silence.

1 **TIME**

2 **DURATION**

3 **PRACTICE**

4 **POSTURE**

5 **PLACE**

6 ----------------

1 **TIME**

2 **DURATION**

3 **PRACTICE**

4 **POSTURE**

5 **PLACE**

6 -----------------

INHALE

EXHALE

1 **TIME**

2 **DURATION**

3 **PRACTICE**

4 **POSTURE**

5 **PLACE**

6 ----------------

1 **TIME**

2 **DURATION**

3 **PRACTICE**

4 **POSTURE**

5 **PLACE**

6 ----------------

REFLECT

REFLECT

LET SILENCE TAKE YOU

TO THE CORE OF LIFE.

-RUMI

1   TIME

2   DURATION

3   PRACTICE

4   POSTURE

5   PLACE

6   ....

1 TIME _____

2 DURATION _____

3 PRACTICE _____

4 POSTURE _____

5 PLACE _____

6 _____

1   TIME

2   DURATION

3   PRACTICE

4   POSTURE

5   PLACE

6   ------------------

1 **TIME**

2 **DURATION**

3 **PRACTICE**

4 **POSTURE**

5 **PLACE**

6 _____

There is a voice
that doesn't use words.

Listen.

-RUMI

1 **TIME**

2 **DURATION**

3 **PRACTICE**

4 **POSTURE**

5 **PLACE**

6 ....

1 **TIME**

2 **DURATION**

3 **PRACTICE**

4 **POSTURE**

5 **PLACE**

6 ....

BREATHE

ATTENTION

1 **TIME**

2 **DURATION**

3 **PRACTICE**

4 **POSTURE**

5 **PLACE**

6 ⸺⸺⸺⸺⸺

PRANA

DHYĀNA

EFFORT
LESS

1 **TIME**

2 **DURATION**

3 **PRACTICE**

4 **POSTURE**

5 **PLACE**

6 ----------------

1   **TIME**

2   **DURATION**

3   **PRACTICE**

4   **POSTURE**

5   **PLACE**

6

1   **TIME**

2   **DURATION**

3   **PRACTICE**

4   **POSTURE**

5   **PLACE**

6   ---------------

COMPASSION

1 TIME

2 DURATION

3 PRACTICE

4 POSTURE

5 PLACE

6 _____

_____
_____
_____
_____
_____
_____
_____
_____
_____
_____
_____
_____
_____
_____
_____
_____
_____

REFLE

1 **TIME**

2 **DURATION**

3 **PRACTICE**

4 **POSTURE**

5 **PLACE**

6 _____

_____
_____
_____
_____
_____
_____
_____
_____
_____
_____
_____
_____
_____
_____
_____
_____
_____

1 **TIME**

2 **DURATION**

3 **PRACTICE**

4 **POSTURE**

5 **PLACE**

6 -----------------

1   **TIME**

2   **DURATION**

3   **PRACTICE**

4   **POSTURE**

5   **PLACE**

6   _____

ENERGY

SPACIO

JSNESS

1 **TIME**

2 **DURATION**

3 **PRACTICE**

4 **POSTURE**

5 **PLACE**

6 ----------------

1 TIME _____

2 DURATION _____

3 PRACTICE _____

4 POSTURE _____

5 PLACE _____

6 _____

1 **TIME**

2 **DURATION**

3 **PRACTICE**

4 **POSTURE**

5 **PLACE**

6 ----------------

NAMASTE

1 TIME

2 DURATION

3 PRACTICE

4 POSTURE

5 PLACE

6 ....

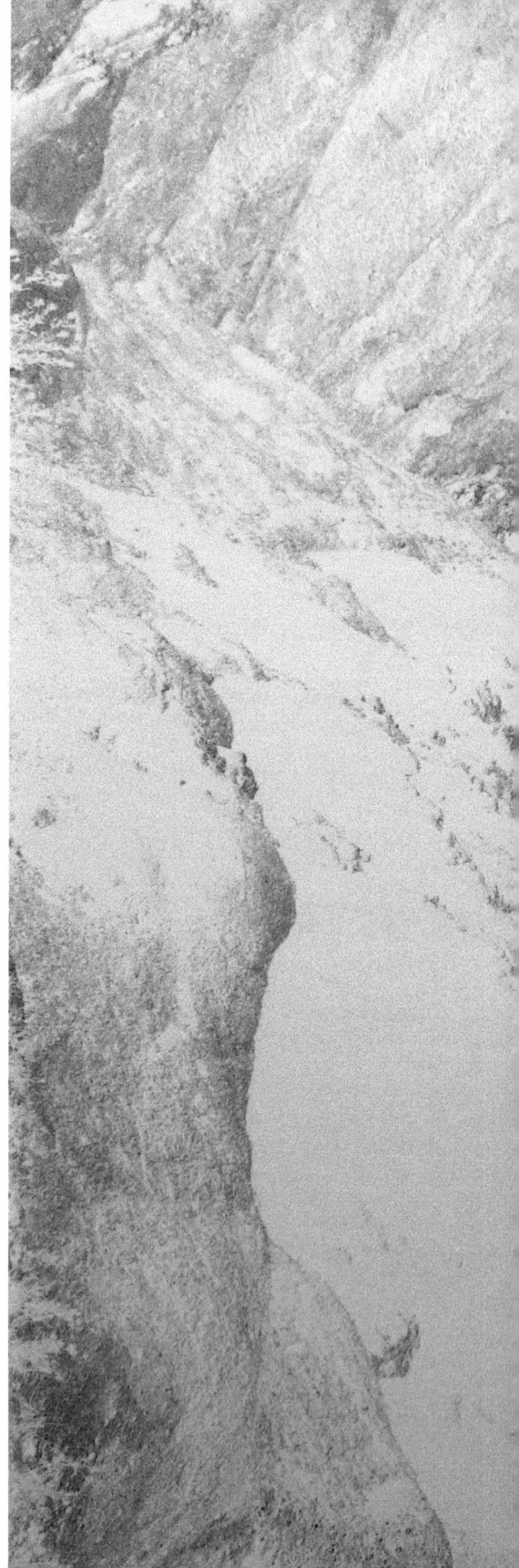

NON———

ATTACHMENT

1 TIME

2 DURATION

3 PRACTICE

4 POSTURE

5 PLACE

6 _____

1 **TIME**

2 **DURATION**

3 **PRACTICE**

4 **POSTURE**

5 **PLACE**

6 _____

ONE

1 **TIME**

2 **DURATION**

3 **PRACTICE**

4 **POSTURE**

5 **PLACE**

6 ----------------

_____Resilience.

1 TIME

2 DURATION

3 PRACTICE

4 POSTURE

5 PLACE

6 _____

FLOW–

1   TIME

2   DURATION

3   PRACTICE

4   POSTURE

5   PLACE

6   -----------------

1 **TIME**

2 **DURATION**

3 **PRACTICE**

4 **POSTURE**

5 **PLACE**

6 ----------------

OPE

AFFIRMATION

1 **TIME**

2 **DURATION**

3 **PRACTICE**

4 **POSTURE**

5 **PLACE**

6 _____

1 **TIME**

2 **DURATION**

3 **PRACTICE**

4 **POSTURE**

5 **PLACE**

6 ----------------

1 TIME

2 DURATION

3 PRACTICE

4 POSTURE

5 PLACE

6 _____

INTENTION

1 **TIME**

2 **DURATION**

3 **PRACTICE**

4 **POSTURE**

5 **PLACE**

6 - - - - - - - - - - - - - - -

FO

C U s

1   **TIME**

2   **DURATION**

3   **PRACTICE**

4   **POSTURE**

5   **PLACE**

6   ----------------

1 TIME

2 DURATION

3 PRACTICE

4 POSTURE

5 PLACE

6 _____

PRANAYAMA

1 **TIME**

2 **DURATION**

3 **PRACTICE**

4 **POSTURE**

5 **PLACE**

6 _____

LIBERATION

" Remember,
the entrance door
to the sanctuary
is inside you. "

RUMI

Lightning Source UK Ltd.
Milton Keynes UK
UKHW021339050520
362759UK00008B/427